M. LÉON DE ROSNY

Fondateur et Propagateur du Bouddhisme éclectique

LE

Bouddhisme

éclectique

ANALYSE DE LA DOCTRINE DÉVELOPPÉE DANS LES OUVRAGES
ET LES CONFÉRENCES DE M. LÉON DE ROSNY

AVANT-PROPOS

Dans ces derniers temps, il s'est fait beaucoup de bruit autour de l'École bouddhique nouvellement organisée à Paris. La plupart des journaux et revues ont entretenu leurs lecteurs de cette création, et la presse étrangère s'en est émue jusqu'à Sumatra.

Des dames, notamment, se sont passionnées pour cette doctrine, d'une façon qui rappelle la ferveur des saintes femmes du Golgotha. Plusieurs d'entre elles n'ont pas hésité, afin de se bien pénétrer de la philosophie bouddhique, à se livrer à l'étude ingrate et laborieuse des langues de l'extrême Orient.

Le chef du *Néo-Bouddhisme* ou *Bouddhisme éclectique* est M. Léon de Rosny, personnalité bien connue, célèbre même dans le monde des Lettres et de l'Érudition. Professeur à l'École des langues orientales, à l'Ecole coloniale; à l'Ecole des hautes études, dont il est le directeur adjoint, président de la Société d'Ethnographie, de l'Alliance scientifique universelle, etc., M. de Rosny trouve encore le temps de publier parfois des livres pleins d'*humour*, tels que le *Voyage aux pays des dix mille lacs* (la Russie) et *Taureaux et Mantilles*. Ce dernier ouvrage est la relation d'une très intéressante excursion effectuée par lui, naguère, de l'autre côté des Pyrénées, en compagnie de son ami M. Lesouëf, homme érudit, lui aussi, et du commerce le plus agréable.

Nous avons suivi assidûment, pendant plusieurs années, les conférences de M. de Rosny sur le Bouddhisme, et nous aurions pu les résumer exactement à l'aide des notes que nous avions recueillies. Mais l'orateur — car prédicateur serait une expression impropre, — a publié un volume contenant l'exposé complet de son enseignement, et nous l'avons analysé, dans les pages qui suivent, tout en utilisant nos fidèles notes. De cette façon, les personnes qui nous feront l'honneur de nous lire auront à la fois sous les yeux la substance de l'exégèse orale et celle de la doctrine écrite.

L'esprit élevé de M. de Rosny a une propension marquée pour la méditation. Placé dans de telles conditions, maniant constamment les livres mystiques des peuples de l'Extrême-Orient et familier avec leurs textes, animé en outre du feu sacré de la recherche des fins dernières de l'homme, il ne pouvait échapper à la nécessité de condenser, de formuler, de compléter, oserons-nous dire, celle des doctrines philosophiques le plus souvent exposées à son examen qui lui paraissait la plus voisine de la perfection. Cette doctrine d'élection, qui rayonne à ses yeux, dans le domaine moral, comme Sirius dans les espaces célestes, c'est le Bouddhisme. Seulement, M. de Rosny, tout en admirant dans son ensemble et dans la plupart de ses détails la théorie philosophico-religieuse bouddhique, n'a point renoncé à être lui même et à s'affirmer en tant que penseur indépendant, chaque fois qu'il s'est trouvé en face d'une idée susceptible, selon lui, de recevoir une modification ou méritant un abandon complet. C'est pour cette raison qu'il a intitulé sa doctrine *le Bouddhisme éclectique*. Nous ne savons pourquoi l'on a généralement une tendance à manifester un quasi-dédain pour l'Eclectisme. Il semble qu'on le confonde avec la compilation et qu'une sorte de discrédit y soit attaché. Cependant nous pourrions citer, dans l'histoire de la philosophie, de nombreux noms d'hommes illustres qui n'étaient autre chose que des éclectiques, et presque à l'époque actuelle, puisqu'il est mort au milieu de ce siècle, M. Victor Cousin a bien prouvé qu'on pouvait être à la fois un éclectique et un homme très remarquable. Nous pourrions même ajouter qu'il n'aurait peut-être pas été un homme très remarquable s'il n'eût été un éclectique. Qu'est-ce, en effet, que l'Eclectisme ? L'étymologie le dit : c'est le choix. Pratiquer l'Eclectisme, c'est choisir. Et véritablement ne rien accepter de ce qui vient d'autrui ou tout accepter servilement, sans discussion, sans contrôle, sont deux procédés également condamnables. Le premier dénote un orgueil immense, injuste et aveugle ; le second une humilité poussée jusqu'à la renonciation au plus élémentaire examen. Faire de l'Eclectisme n'est donc point abdiquer son originalité propre, c'est, au contraire, l'affirmer, car l'éclectique, en faisant son choix, en opérant un triage dans ce qu'il étudie, prouve son indépendance à tous égards. D'ailleurs, le plus souvent, l'éclectique ne se borne pas à choisir, à trier, à se livrer à un classement plus ou moins méthodique ; parfois aussi il crée, il marie ses conceptions à celles dues à ses devanciers, et il fait œuvre nouvelle. « Je prends mon bien où je le trouve », a-t-il le droit de s'écrier. Et, en effet, n'aurait-il pas le droit de prétendre ceci : Si j'étais né avant celui dont vous me reprochez d'adopter les idées, peut-être les aurais-je conçues ? Par conséquent, pour revenir à l'œuvre de M. de Rosny, nous pouvons affirmer que s'il a emprunté des pensées aux livres bouddhiques, modifié certaines d'entre elles, il en a retranché d'autres et il en a ajouté de son fonds.

Récemment, le public éclairé s'est beaucoup préoccupé de l'enseignement donné par M. de Rosny. On lui attribuait le désir de fonder une église bouddhique en France, quelque chose comme le gallicanisme de Çâkya-mouni. Et déjà l'imagination des Parisiens le voyait à la tête d'une bonzerie, chef d'ascètes abîmés dans la contemplation du bout de leur nez, pendant des années entières, sans souci aucun de l'alimentation ni des soins de propreté. D'autres lui prêtaient la secrète aspiration à une sorte de papauté et en faisaient un prétendant au rôle de Dalaï-Lama ou du moins à un rôle analogue.

Pour nous, sans avoir la prétention de nous poser en champion de la doctrine de M. Léon de Rosny, nous déclarons, après avoir assisté à un grand nombre de ses conférences et lu ses livres que la morale prêchée par lui est haute-

M. BOURGOINT-LAGRANGE
Abréviateur
de la doctrine du Bouddhisme éclectique.

ment digne d'être connue, et que, par sa pureté, elle mérite d'être profondément respectée. Quant aux aspirations personnelles de M. de Rosny, nous le tenons pour un homme spirituel et, en même temps, pour un homme d'esprit, — ce qui n'est pas synonyme et ce qui vaut mieux encore, — et nous sommes certain qu'il ne songe pas le moins du monde à pontifier. Mais nous sommes sûr, également, qu'il est

absolument et irrévocablement convaincu que le Bouddhisme éclectique est le degré suprême auquel se soit élevé et puisse jamais s'élever la conception humaine. Aussi, qu'on ne s'étonne point, si l'on a fait connaissance, de l'entendre, l'instant d'après, poser, à propos de Çâkya-mouni, la célèbre question de La Fontaine, à propos du prophète Baruch : « Avez-vous lu Çâkya-mouni? C'était un bien beau génie. »

Du Bouddhisme éclectique

En quoi consiste le Bouddhisme éclectique ? Quels sont ses principes
Quelle satisfaction procure-t-il à l'âme ? Nous allons essayer de répondre
à ces diverses questions. A ces fins, nous donnons, dans les pages qui sui-
.ent, une analyse précise et complète, tout en étant succincte, de la doctrine
philosophique de M. Léon de Rosny, développée dans son livre le *Bouddhisme éclectique* (1), ainsi qu'à son cours de la Sorbonne.

En ce qui nous concerne personnellement, nous déclarons qu'à nos
yeux, le Bouddhisme n'est pas, à proprement parler, une religion. C'est
un système philosophique, mais un système qui est digne de fixer l'attention des penseurs plus qu'aucun de ceux qui ont été enseignés jusqu'à
présent.

L'introduction du volume, qui est assez étendue, nous indique nettement
que l'auteur s'est proposé d'utiliser, dans la mesure du possible, les meil-
leures doctrines de la vieille Asie « pour l'étude du problème de la Vie
et de la Destinée ». Il exprime l'espoir que le Bouddhisme peut, dès
ici-bas, nous aider à régler notre conduite.

M. de Rosny n'hésite pas à proclamer que le travail des âges et les
progrès de la critique ont rendu nécessaires certaines modifications des
théories bouddhiques. En d'autres termes, il ne pose pas les énonciations
du Bouddhisme en articles de foi auxquels il soit formellement interdit de
rien ajouter, de rien soustraire, de rien changer. Cette concession est pré-
cieuse et prédispose bien en faveur d'une doctrine dont le principal apôtre
se montre aussi largement tolérant.

Nous avons dit que nous n'avions pas la prétention de nous faire le
champion de la doctrine de M. de Rosny et que nous nous renfermions
dans notre rôle d'abréviateur. *Qu'on veuille donc bien ne pas perdre de
vue que tout ce qui suit est de la pure analyse.*

M. de Rosny invite à réfléchir à l'inconvénient de placer Dieu en dehors
de la Nature, « du moment, dit-il, où, par Nature, nous entendons, comme
il faut le faire en philosophie, le Grand-Tout.

« En dehors de tout, le bon sens le plus rudimentaire nous enseigne
« qu'il n'y a rien. Et comme la Nature est une chaîne sans solution de
« continuité (*Natura non facit saltus*), Dieu est nécessairement un anneau
« de cette chaîne, ou, ce qui est plus exact, l'anneau suprême et final,

---

(1) Paris. Ernest Leroux, éditeur, 28, rue Bonaparte.

« lequel résume en lui tous les autres. » Et plus loin : « La formule suivant
« laquelle Dieu résume tous les anneaux de ce que nous appelons la chaîne
« continue de la Nature, est du reste favorable à la culture de ce que j'ai
« dénommé la *conception suffisante*, puisqu'elle ramène toutes les mani-
« festations de l'Univers dans l'unité sans durée et sans étendue. »

M. de Rosny fait observer que Dieu ne doit pas être considéré comme
un « anneau » voisin du nôtre, et il reproche à notre espèce le travers
orgueilleux consistant dans l'inclination à vouloir précisément établir ce
rapprochement. Cette manie vaniteuse fait songer au mot malicieux
attribué à Voltaire devant qui l'on disait : « Dieu fit l'homme à son
image. » Il répliqua : « Et l'homme le lui a bien rendu. »

M. de Rosny attire l'attention sur le soin qu'ont pris les grandes religions de marquer précisément la distance qui sépare l'Humanité de la
Divinité en interposant entre elles des séries d' « anneaux ». Tels sont,
dans le monde extra-terrestre des Bouddhistes, la hiérarchie des *dévas*, et,
dans celui des chrétiens, les anges, les archanges, les chérubins, les séra-
phins, les puissances, les trônes, les dominations, etc. Il remarque, toutefois,
que vouloir caractériser les êtres qui nous séparent de l' tre suprême et
dont nous n'avons aucune connaissance positive, est une naïveté puérile.

La philosophie de M. de Rosny, — car nous ne pouvons dire son exégèse religieuse, — procède par larges aperçus, sans s'arrêter aux arguties
d'une théologie étroite et ergoteuse, sans tomber, en un mot, dans la casuis-
tique. On peut différer d'opinion avec lui, non seulement sur des nuances,
sur des détails, mais même sur des points importants, sans être taxé par
lui d'hérésie. Il se montre fort tolérant et ne voue pas au bûcher les personnes qui le contredisent. Or, comme il personnifie réellement, chez nous,
la doctrine bouddhique, il n'est pas surprenant que le groupe considérable
de ses auditeurs en soit arrivé à se passionner pour des idées que leur propagateur a su rendre si aimables. Si l'on y réfléchissait bien, on recon-
naîtrait que très souvent un culte est affectionné en raison de l'attachement
que le prêtre se concilie. La comparaison est forcée puisqu'il ne s'agit pas
ici d'un culte ; mais, on le sait, *omnis comparatio claudicat*.

Les déductions des théories bouddhiques tendent, ainsi que toutes celles
basées sur le raisonnement, à la découverte des fins dernières de l'homme.
Le résumé que nous donnons ici n'est donc autre chose qu'un tableau synop-
tique, réduit, du livre et des causeries de M. de Rosny. Son point de départ
et son objectif sont définis dans ces quelques phrases :

« Rien de plus naturel sans doute que l'être sensible soit désireux de
connaître le mot explicatif de sa fin et de sa destinée, qu'il veuille savoir
s'il lui est réservé d'acquérir la certitude que sa vie a un but qui peut être
atteint. Si la vie n'est qu'un accident sans continuité et sans sanction, la
morale n'est guère plus qu'une duperie..... Le bonheur dont nous pouvons
jouir en foulant aux pieds les revendications de notre nature idéale est-il
réellement le bonheur, dure-t-il quelque peu et vaut-il la peine qu'il nous
en a coûté pour l'acquérir ?

« S'il n'existe rien au-delà, la satisfaction obtenue par ce système aura
« été bien maigre, en somme, parfois même moins que rien, puisqu'elle
« aura été sans cesse troublée par les caprices du hasard et bientôt empoi-
« sonnée par le remords. Et s'il existe un lendemain de la vie, est-il admis-
« sible que nous n'ayons pas à subir les conséquences d'une conduite
« en révolte flagrante avec les injonctions d'une force morale dont l'exis-
« tence n'est pas plus douteuse que le fait de notre existence et de notre
« individualité ? Ce lendemain de la vie existe-t-il réellement ? Voilà toute
« la question.

« A cette question, il faut répondre que la certitude impétrable ne saurait être ce qu'on appelle abusivement la *certitude absolue*, mais une *certi-*

tude suffisante pour que notre évolution puisse se continuer avec confiance. »

« Une certitude suffisante », l'expression est vraiment heureuse ; elle n'impose pas un *credo* despotique ; elle ne fait pas violence à la raison ; elle laisse le libre arbitre se mouvoir sans contrainte. Et, phénomène psychologique remarquable, lorsqu'on se sent maître de croire ou de ne pas croire, l'esprit acquiert volontiers une tendance à croire.

Pour amener sans secousse ses auditeurs à partager sa foi, l'apôtre du Bouddhisme invoque l'autorité de la Raison. « Elle préside, dit-il, au mou-« vement transformiste sans cesse en activité dans l'Univers. La Raison « directrice de la Nature non seulement ne saurait se contredire au point « de défaire sans cesse son œuvre, mais elle ne peut être et subsister elle-« même qu'à la condition d'en poursuivre le parfait accomplissement. » La doctrine se dessine du premier coup : M. de Rosny ne foule pas aux pieds la Raison ; c'est, au contraire, en son nom, qu'il prêche son évangile ; il ne veut pas que ses adeptes aient une foi aveugle et s'écrient : *credo quia absurdum*. Nullement ; c'est en exaltant la Raison qu'il pose les bases de son enseignement. Il faut reconnaître que ce procédé, peu usité d'habitude chez les chefs de sectes, a quelque chose de loyal et de hardi qui séduit les esprits et captive les cœurs.

Ayant, de cette façon, placé sa doctrine sous la tutelle de la Raison, M. de Rosny poursuit ainsi son argumentation : « Les hommes se sont long-« temps contentés de la promesse que leur ont faite certaines religions, « l'Islamisme par exemple, d'obtenir, dans un paradis imaginaire, des jouis-« sances du même genre que celles de ce monde. N'ont-ils pas lieu de pré-« férer la conviction que ces jouissances doivent avoir un caractère de « beaucoup supérieur à ce que la faiblesse actuelle de nos concepts peut « nous fournir les moyens d'imaginer ? »

On le voit, l'Empyrée de M. de Rosny est un séjour où les sensations ne sont pas de l'ordre matériel ; du moins sont-elles accompagnées et même dominées par d'immenses satisfactions de l'ordre supra-sensible.

Aussi la pensée de faire le bien en vue de jouissances charnelles dans un autre monde, révolte-t-elle les esprits cultivés. M. de Rosny va jusqu'à prétendre que le bon sens et les lois de la Nature sont en opposition avec cette tendance. A son avis, l'aspiration à goûter dans une autre existence, des joies de l'ordre intellectuel, indépendantes des sens, témoigne d'une somme de progrès moral considérable chez l'être. La conscience d'être devenu un rouage utile de la grande machine universelle, suffit à lui faire entrevoir une récompense digne de ses efforts ; plus il se perfectionne, plus cette récompense lui apparaît grandiose et incomparable.

L'auteur du *Bouddhisme éclectique* s'élève énergiquement contre un préjugé qui attribue aux bouddhistes la croyance que tous les êtres s'anéantissent dans le Grand-Tout, à la façon de la goutte d'eau qui tombe dans l'Océan. C'est fausser les principes de Çâkya-mouni. Aucune parcelle de ce qui est digne de vivre éternellement ne saurait être détruite. La Nature a voulu que, par le travail, nous devinssions dignes de nous associer à « l'œuvre du Devenir ; elle n'a pas voulu que l'être libre et sensible puisse triompher sans péril. Le triomphe, notre conscience nous dit qu'il doit être obtenu sur nous-mêmes. » Lorsque nous aurons remporté cette victoire, nous atteindrons à *l'état d'émancipation suprême désigné en langage bouddhique sous le nom de* NIRVANA. Qu'est exactement le nirvâna ? La suite du livre nous le révélera sans doute. Poursuivons donc.

M. Léon de Rosny aborde ensuite ce sujet : la Souffrance. « Elle existe, donc elle a sa raison d'être ; c'est à nous de savoir en tirer parti. Et ne fût-elle qu'un puissant aiguillon pour nous arracher à nos lassitudes morales et nous conduire à la conquête de l'inconnu, que nous ne serions pas en droit d'en condamner, d'en maudire l'invention. » Très remarquable conception. L'horizon ouvert par M. de Rosny est tout nouveau. Sa doctrine est, dans cette partie, une sorte de stoïcisme, mais non le stoïcisme passif, résigné et stérile dont la formule était : *La douleur n'est pas un mal.* C'est un stoïcisme retourné, c'est-à-dire actif, fécond et triomphant.

Par quels moyens surmonterons-nous tous les obstacles? « Par la recherche méditative, nous dit le Maître, accomplie simultanément avec la rectification morale. » La récompense, couronnement de tant d'efforts, consistera à « vivre de la vie du Grand-Tout, après avoir contribué à l'accomplissement de la loi divine. »

Dans les dernières lignes de son *Introduction*, M. de Rosny indique nettement la voie qu'il proclame devoir assurer « le salut des êtres ». Il est essentiel de les citer textuellement.

« L'enseignement de Câkya-mouni et celui de Jésus, ramenés à leur caractère primitif et dégagés de tous les accessoires dangereux dont l'ignorance et les ambitions mesquines les ont rendus solidaires, ont indiqué au monde une seule et même voie pour le salut des êtres : la voie de la Connaissance, acquise par l'Amour des créatures et par le travail incessant de rectification intime ».

L'ouvrage que nous analysons a trois chapitres de PRÉLIMINAIRES. Le premier est intitulé : *Nécessité de la religion et du positivisme.* L'auteur constate que « l'être fini se laisse facilement entraîner vers le mal ». Nous aurions souhaité qu'il nous définît le mal, le mal absolu, car le mal relatif est extrêmement varié dans ses formes et même un petit mal peut, comme dans l'histoire de Cosi Sancta, déterminer un très grand bien. « L'être fini, reprend M. de Rosny, a besoin d'un frein pour arrêter ses entraînements coupables, d'un aiguillon pour le pousser vers le bien, d'un phare pour lui rappeler sans cesse le but vers lequel il doit tendre. Ce frein, cet aiguillon, ce phare, il ne peut les trouver ailleurs que dans la soumission à une loi morale exclusive de tout sentiment égoïste. Cette loi morale est la religion. » La Religion ; si cette expression ne nous était pas expliquée, nous serions dans un grand embarras, car les sectateurs de chaque culte se croiraient autorisés à prétendre que la religion dont il s'agit, c'est la leur. En effet, aux yeux de tout croyant, la Religion, c'est Sa religion, hors de laquelle il n'y a point de Salut. Heureusement, M. de Rosny prend soin de définir la Religion selon le sens attribué par lui à ce mot.

« Il faut, déclare-t-il, qu'elle soit absolument conforme à la vérité, absolument positive. Tout ce qui est en désaccord avec la Connaissance, en contradiction avec les verdicts du Raisonnement conscientiel n'est point une formule de la Religion. »

Le second chapitre des PRÉLIMINAIRES a pour titre : *le Dogme et l'enseignement moral.* L'auteur pose cette affirmation que lorsqu'on est convaincu d'avoir acquis une certitude, il est légitime qu'on l'énonce hautement. Et il ajoute qu'un esprit positif hésite lorsqu'il s'agit d'accepter un dogme, mais que cette hésitation ne doit pas lui faire repousser d'une façon absolue toute formule dogmatique. Le dogme le plus indispensable, selon M. de Rosny, « pour ouvrir la voie de la Connaissance, est celui qui enseigne que notre puissance investigatrice et perceptive des lois de l'Univers, s'accroît en raison directe de la somme plus ou moins grande d'empire que nous avons su prendre sur nous-mêmes, de rectification que nous avons opérée dans notre condition morale et enfin d'amoindrissement que nous avons provoqué dans les manifestations de l'instinct égoïste qui constitue notre personnalité. »

Le troisième et dernier chapitre des PRÉLIMINAIRES est consacré à *La voie de la Connaissance.* Il y est dit que l'être qui développe en lui la Réaction conscientielle acquiert la certitude qu'il peut aboutir à la Connaissance : tous sont appelés, tous sont élus. Il y est dit encore que l'idée de félicité éternelle ne peut devenir claire pour l'être tant qu'il n'a pas abouti à la Connaissance et que celle de Dieu demeure vague tant que nous restons aux prises avec la concurrence vitale et l'intérêt égoïste. Il y est dit, également, que « la justice absolue ne saurait admettre que le bien ou le « mal, accompli pendant une courte existence, puisse motiver pour les « êtres une félicité ou des souffrances éternelles. »

Ici se place une affirmation d'une importance considérable, en ce sens qu'elle est la base même de la partie de la doctrine bouddhique relative à l'acheminement des êtres vers leur destinée suprême. Elle est ainsi formulée : « La condition finale des êtres ne peut être acquise que lors-« qu'ils auront parcouru les sphères successives d'émancipation qui doivent « les rendre dignes de fournir des rouages parfaits à la grande machine « universelle. » Ces expressions « les sphères successives d'émancipa-« tion » semblent rattacher le Bouddhisme éclectique à la Métempsychose.

M. de Rosny indique deux moyens pour progresser dans la voie de la Connaissance : la Charité et l'Étude. Il les nomme aussi : l'Amour et le Travail. Il les déclare solidaires et corrélatifs et affirme que l'étude des lois du Devenir n'est possible que pour les êtres qui en ont développé le culte en eux. »

Une secte bouddhique ancienne et dont la doctrine a été retrouvée en Birmanie, prétend que l'on peut se sauver rien que par la Foi, c'est à-dire par égoïsme scientifique et sans la Charité, sans l'Amour du prochain. Cette secte soutient aussi qu'on ne peut rien pour le Salut d'autrui. M. de Rosny réprouve absolument cet enseignement. On désigne les partisans de ce dogme par la dénomination de Pitzégas-bouddhas.

M. Léon de Rosny prend soin d'avertir, à toute occasion, ses auditeurs et ses élèves qu'il en est du Bouddhisme comme de toute autre école religieuse : il y a les croyants qui raisonnent et les « cléricaux » qui subissent des influences. Les premiers s'efforcent de suivre les principes de la logique, les seconds s'adonnent aux pratiques d'un fanatisme aveugle.

M. de Rosny s'est affranchi, sans hésiter, des enseignements qui choquent la logique. Ainsi, bien qu'il admette « Les quatre nobles vérités » proclamées par le Catéchisme bouddhique, il fait des réserves sur certaines subtilités qui accompagnent, dans le texte bouddhique, l'indication des moyens d'échapper à la Souffrance. Nous citons, ci-dessous, ce point de doctrine :

« Il y a quatre nobles vérités : 1° la Souffrance existe; 2° il faut échapper à la Souffrance; 3° notre devoir nous impose d'échapper à la Souffrance; 4° il y a un moyen d'échapper à la Souffrance », et le Catéchisme bouddhique ajoute : « Le moyen, c'est de cesser d'avoir le sentiment de son existence, de cesser de savoir qu'on a perdu le sentiment de son existence et de savoir qu'on a cessé de savoir de cesser de savoir qu'on a perdu le sentiment de son existence. » — Là dessus, M. Léon de Rosny fait nettement cette réflexion : « Se débrouille qui pourra. »

Nous arrivons à la partie de l'Ouvrage qui expose *les principes et les Moyens*. L'auteur pose de nouveau ce principe que la Raison est la directrice de la Nature universelle et il se place délibérément sur un terrain très solide, au point de vue de la dialectique. Il renonce à discuter avec ceux qui n'admettent pas l'existence de La Raison.

Ici se trouve un chapitre dont le titre est flamboyant : *La loi du Devenir, le Dieu créateur* ET LA CRÉATION DE DIEU. Cette partie du Bouddhisme éclectique est bien particulière et présente des aspects absolument originaux. « La loi du Devenir, dit M. de Rosny, repose sur les principes de

« l'Eternité et de l'Infini ; mais comme il ne nous est pas possible, dans la
« sphère actuelle de notre existence évolutive, d'avoir autre chose qu'une
« vague aperception de ce que peut être l'Eternité et l'Infini, nous nous
« trouvons dans la nécessité de faire usage des mots relatifs d'origine et
« de fin. L'usage de ces mots serait de nature à entraîner dans une voie
« fausse et même dangereuse, si l'on ne s'attachait tout d'abord à déclarer
« leur valeur purement momentanée, conventionnelle et didactique ; ils
« sont sans inconvénient dès qu'on a énoncé les réserves avec lesquelles
« on admettra leur emploi. »

Ensuite M. de Rosny définit la Divinité telle qu'il la conçoit. Nous
évitons autant que nous le pouvons de multiplier les citations, mais il en
est qui s'imposent parce qu'il serait imprudent de modifier, aussi peu que
ce fût, le texte du Maître. Voici la définition : « Dans sa condition origi-
« nelle, Dieu est le Bien absolu, mais le bien dans une condition en quelque
« sorte fatale. L'Univers qui émane de lui et se confond avec lui, existe
« dans son essence et dans ses principes génésiaques de toute éternité ;
« car Dieu étant le Bien absolu n'a pu cesser d'être lui-même et dfférer un
« instant d'accomplir ce qui était le Bien absolu. Les efforts de notre ima-
« gination sont impuissants à nous fournir la notion de ce Bien suprême
« qui doit dépasser de toute l'étendue de l'infini les concepts les plus vastes
« et les plus magnifiques de notre ambition et de nos espérances. »

Puis il s'exprime ainsi : « A ceux qui admettent l'existence de la Raison,
« au contraire, on peut demander d'admettre que la Raison existe en eux et
« en dehors d'eux. On peut leur demander enfin de considérer comme un
« axiome la déclaration que la Nature universelle a des lois, que ces lois
« sont concordantes entre elles et, en un mot, qu'il existe une logique
« directrice dans l'œuvre de l'Univers. »

Le Bouddhisme éclectique enseigne que Dieu a associé la création à sa
propre essence et que les êtres, pénétrés du besoin d'accomplir leur perfectionnement continu en toute liberté, convergent sans cesse vers Dieu
et tendent à retourner ainsi vers leur source. « Leur retour dans le Grand-
« Tout, qui est Dieu, conclut M. de Rosny, apporte à ce Grand-Tout le
« complément nécessaire à la Perfection absolue. Les êtres créés par
« Dieu sont de la sorte et à leur tour, en Devenir, les créateurs de Dieu,
« ou du moins les agents complémentaires indispensables à sa Perfection
« absolue. » C'est là, il faut le reconnaître, une façon de concevoir Dieu
fort en dehors de celles jusqu'à ce jour en cours.

Nous sommes maintenant au cœur même de la doctrine, au point où elle se
spécialise de plus en plus et présente aux penseurs des sujets tout particuliers d'observation. Elle expose ici que la loi du « Devenir » partage l'évolution morale des êtres en trois périodes : 1° celle de l'Instinct originel,
2° celle de la Concurrence vitale, 3° celle de la Réaction conscientielle.
Durant la première, l'être agit inconsciemment ; il n'a pas plus la notion du
bien que celle du mal. Durant la seconde, il devient réflexe, suivant
l'expression de M. de Rosny ; il a acquis la Liberté ; il est conscient ; mais
il n'est enclin qu'au mal et il dispute aux autres êtres leur part de jouissance ; il pratique le *Struggle for life*. Durant la troisième période, l'être
ne se montre pas beaucoup plus sympathique, mais il a pourtant subi une
transformation morale salutaire : il est accessible au remords, il a la
notion du Devoir, il fait des efforts pour s'arrêter sur la pente du mal « il
entrevoit le chemin de la Connaissance. » Le bien qu'il fait, il l'accomplit
d'une façon active, consciente et méritoire. L'être a désormais la voie de
la Connaissance ouverte et il mesure d'une manière sûre les étapes qu'il
lui reste à parcourir. Il sait les moyens de les abréger.

L'auteur rappelle que tout se transforme dans la Nature, même dans le
domaine moral et intellectuel. En réalité, la Mort n'existe pas. La philoso-

phie bouddhique enseigne que les individualités résultent d'une agrégation de *Skaudas* ou parties immatérielles constitutives de l'être, savoir : la forme, la perception par les sens, la conscience, l'action directrice et la Connaissance.

Tel est le *Credo* du Bouddhisme éclectique La déduction qu'on doit en tirer, d'après son exégèse, c'est qu'il dépend de l'être d'améliorer son existence future en pratiquant le bien dans son existence présente. Il nous paraîtrait nécessaire, pour que ces assertions fussent inattaquables, que l'être eût conscience, dans chaque réincarnation, de ses incarnations précédentes. S'il en était ainsi, le Bouddhisme ne serait pas seulement une philosophie très pure, mais ses enseignements reposeraient sur l'évidence même.

Telle est la définition proprement dite. Mais M. de Rosny la prolonge par des corollaires nombreux auxquels il faut rendre cette justice qu'ils sont empreints d'une rigoureuse logique. Leur étendue ne nous permet pas, décidément, de les reproduire et nous le regrettons sincèrement.

D'après la doctrine bouddhique, il est des *Yâna* (manières d'aller) véhicules — de l'ordre moral, bien entendu — par lesquels l'individu peut être transporté d'une sphère d'évolution dans une autre plus parfaite. Mais M. de Rosny fait observer que le caractère de ces véhicules a souvent été dénaturé dans les diverses écoles bouddhiques. Naturellement, c'est un des côtés du rôle adopté par le Bouddhisme éclectique de s'appliquer à redresser ces erreurs.

Le but suprême des progrès successifs de l'être, est l'identification, l'homogénisation (le terme est emprunté au livre) avec le Grand-Tout, ce qui constitue pour lui sa libération définitive du Monde de la Forme et sa délivrance des misères inhérentes à ce milieu.

Les véhicules sont au nombre de deux : l'Amour et la Recherche. « L'Amour, dit M. de Rosny, consiste à s'attacher de toutes les forces de « son âme à ce qui est digne d'être aimé, c'est-à-dire à ce qui répond à « l'idéal que, dans la sphère de notre évolution présente, nous avons pu « nous former du Bien absolu, du Beau absolu et du Vrai absolu. »

Ici se place une définition tout à fait neuve, croyons-nous, et exclusivement propre à M. Léon de Rosny, bien qu'il l'attribue au « langage poétique des vieilles religions orientales. » C'est la définition des mots « Mère de Dieu ». Le chef du néo-Bouddhisme enseigne qu'il faut les entendre « en ce sens qu'elle (la Femme en général) fournit au Grand-« Tout un apport indispensable à l'accomplissement suprème de la Perfec-« tion absolue ».

Le Bouddhisme éclectique affirme que les âmes sont soumises, comme les corps, aux lois de l'attraction. Dans la sphère terrestre, cette attraction est manifeste ; l'intuition nous dit qu'elle se produit au-delà. mais nous ne pouvons en acquérir la conscience tant que nous demeurons esclaves de notre organisme corporel. Le perfectionnement des âmes peut s'effectuer par un travail individuel, sans intervention venant de l'extérieur.Mais, dans ce cas, plusieurs existences successives sont nécessaires. Le rapprochement des êtres désireux de s'améliorer et leur coopération constante facilite leur émancipation et les prépare à l'accomplissement de leur destinée suprème. Il convient d'énumérer, ici, quelques-unes des actions méritoires recommandées par le Bouddhisme. Ce sont : l'exemple de sa propre rectification, l'amour d'autrui, le remords de ses fautes, les efforts pour réparer le mal qu'on a fait, « la volonté réfléchie de s'assimiler à la cause du Devenir. » La Rectification est la somme d'efforts qui nous rapproche le plus possible du maximum de perfection dont nous sommes susceptibles. « Il vaut mieux se vaincre soi-même que de vaincre tout le reste du monde », dit le *Dhammapada*, chap. VIII. La seule volonté de produire en nous la Rectification « prédispose, dit M. de Rosny, à subir les influences « de la grâce sanctifiante. » Ces expressions, d'un tour éminemment chrétien, surprennent tout d'abord ; nous en aurons l'explication plus loin. Les plus grandes fautes sont effacées par « la Contrition parfaite », c'est-à-dire par un remords absolument sincère accompagné de la résolution inébranlable de ne plus commettre les mêmes écarts. M. de Rosny n'hésite pas à nommer la soumission au remords « le culte du Remords » on ne doit pas s'y soustraire.

« Cette philosophie n'admettant pas qu'une seule vie, quelque longue « qu'elle puisse être, soit suffisante pour impliquer une récompense ou une « punition éternelle, considère, en conséquence, que la Transmigration et « la Réincarnation sont des phénomènes réels parce qu'ils sont nécessaires « pour expliquer la justice suprême et absolue qui dirige l'Univers. Elle « trouve également, dans ce phénomène, la raison des motifs qui font que « tel être naît et vit malheureux, et, tel autre, relativement heureux. »

Nous rencontrons un passage qui exige d'être analysé, car il contient des principes philosophiques très particuliers et assez en désaccord avec ceux de certaines religions. « Les bonnes œuvres, y est-il dit, quelque « grandes qu'elles puissent être, si elles sont accomplies en vue d'éviter « un châtiment d'outre-tombe, ne servent en rien pour le Salut (*Mahâ-Pari-* « *nibbâna-Sutta*, I, II). Les bonnes actions les plus insignifiantes en appa- « rence, si elles n'ont pas été dictées par une attente mercenaire, sont « d'une valeur inappréciable pour amener à l'émancipation suprême. »

Le fondateur du Bouddhisme éclectique développe ensuite la conception du Sacerdoce intime. « Chacun doit être son propre prêtre, l'artisan unique « de son salut. » (*Dhammapada*, introd., p. XLI ; cf. *Mahâ-Parinibbâna-Sutta*, ch. II, 33-35, trad. Rhys Davids, p. 39).

Nous arrivons à une partie de la doctrine intitulée l'*Apostolat et le Grand nivellement*. Elle débute par cet aphorisme : « La Charité est la plus solen- « nelle des obligations de ceux qui possèdent. » Le sens dans lequel le mot charité doit être entendu est ensuite expliqué : la Charité n'a pas seulement pour but de soulager les misères de certaines créatures, elle doit surtout rendre à celles-ci la place à laquelle elles ont droit « sur le chantier de l'humanité militante ». Il est donc obligatoire de faire profiter les autres des ressources intellectuelles et morales que l'on possède. L'Apostolat consiste à pratiquer avec ardeur ce genre de Charité qui est « la Grande Charité ». Maintenant, qu'entend M. de Rosny par le Grand Nivellement ? Le voici : « L'Œuvre du Grand Nivellement a pour but de mettre le plus « tôt possible tous les êtres dans des conditions harmoniques d'égalité « morale et intellectuelle, de façon à ce que tous s'efforcent, d'un commun « accord, à dissiper les ténèbres qui environnent la pensée, tant qu'elle « est soumise aux impulsions de la Concurrence vitale et des sentiments « égoïstes. » L'apôtre du Néo-Bouddhisme déclare ensuite que la régénération de la femme et son élévation au rang de « vestale du feu sacré de l'Intuition » est la tâche la plus élevée qu'il soit possible d'accomplir, de nos jours, dans le vaste domaine du Grand Nivellement. M. de Rosny proclame que, ce résultat étant obtenu, « la loi du Devenir sera établie sur ses véritables assises, et la Destinée des êtres se préparera rapidement et directement ».

Passant au véhicule de la Recherche, M. de Rosny s'occupe de la Méthode et de *la possibilité de savoir*. Il rappelle que l'homme s'est toujours préoccupé du problème de la Destinée. Puis il prend directement à partie le Scepticisme, l'accuse de porter les gens à croire que le problème de la Destinée est insoluble et le déclare une maladie intellectuelle et morale. Toutefois, il reconnaît que ce mal n'est pas incurable.

A cet endroit, l'enseignement de M. de Rosny devient éminemment abstrait et c'est peut-être la partie de son œuvre où il est le plus difficile de le suivre en esprit. Hâtons-nous de reconnaître que cette difficulté ne provient pas de ce que sa théorie est obscure et fausse, mais bien de ce que l'enchaînement de ses déductions suppose chez ses disciples ou chez ses lecteurs une habitude de la dialectique peu familière à la masse des humains. Nous glisserons donc sur cette portion de la doctrine, nous bornant à signaler la définition particulière que donne l'exégète du Bouddhisme éclectique de la Certitude. Selon lui, elle est nécessairement *relative*, pour l'être fini ; mais elle n'en est pas moins entière dans ses rapports avec sa sphère d'évolution. Mais la relativité de la Certitude n'est point attentatoire au besoin d'acquérir la vérité qui est en nous. Si la Certitude était complète, l'œuvre du Devenir serait suspendue ; or il est de son essence d'être indéfiniment continue. La Certitude — relative, toujours — est acquise « lorsque les conclusions de nos forces rationnelles sont en harmonie avec « les affirmations de notre Sentiment préconscientiel ». Nous nous serions bien gardé de changer un mot à cette proposition. En ces matières si délicates, une expression mise pour une autre fausse la pensée de l'écrivain ou lui fournit du moins l'occasion de soutenir qu'elle est faussée. « Le *Senti-* « *ment préconscientiel* est une sorte de révélation intérieure qui se produit « en nous lorsque nous sommes bien préparés à son éclosion et que nous « voulons « apprécier ». Ce sentiment se manifeste et s'affirme avant que « notre raison ait commencé son œuvre. » La Certitude parcourt un *cercle relatif* de Connaissance. Ses manifestations préparent, avec les forces combinées du Sentiment préconscientiel et de la Raison, qui se contrôlent et se complètent, et par l'effet de l'atavisme et des milieux, l'accomplissement de nouveaux cercles de plus en plus larges, conformément à la loi du Progrès et du Devenir.

Au sujet de la Certitude, M. Léon de Rosny a rappelé que la Science a voulu, surtout de nos jours, tout faire reposer exclusivement sur les bases (qu'elle croyait seules solides) de la Certitude : l'Expérience et l'Observation. C'est la guerre de l'*A-priorisme* contre l'*A-postériorisme*. Un des plus grands expérimentateurs de tous les temps, Claude Bernard, après une discussion de douze heures consécutives — entre 5 heures du soir et 5 heures du matin — autour du Panthéon, une nuit de l'année 1860, soutenue avec M. Léon de Rosny, a reconnu que lorsqu'on faisait une expérience, on avait des idées préconçues qui détruisaient tout le caractère de la certitude de l'Observation et que le *criterium* de la certitude de l'homme existait dans son for intérieur. À partir de ce moment, Claude Bernard changea de doctrine philosophique, de fond en comble, et il est facile de le constater en lisant son discours de réception à l'Académie française.

On demandait un jour à Arago s'il y avait des habitants dans le Soleil ; il répondit qu'il l'ignorait. On lui demanda alors si le Soleil pouvait être habité et il exprima la ferme croyance qu'il le pouvait. Dans le premier cas, l'illustre savant avait répondu en adepte de la science positive ; dans le second, en penseur qui accueille avec égards toutes les aperceptions de notre organisme intime. Ces aperceptions nous autorisent à dire que les corps célestes *doivent* être habités ; elles ne nous permettent pas d'affirmer qu'*ils le sont*.

Le rôle d'abréviateur est singulièrement ardu. Il consiste à rendre le sens entier d'un ouvrage, à l'aide du plus petit nombre possible de pages, sans trop multiplier les citations textuelles et pourtant sans rien omettre d'important. Il consiste encore à composer un résumé clair, précis et commode à lire, en sorte que tout travail intellectuel un peu pénible soit épargné au lecteur. Ce que nous en disons n'est point pour quémander les éloges, mais pour nous attirer quelque indulgence, à raison de nos consciencieux efforts.

D'après le Bouddhisme éclectique, le champ de notre savoir s'élargit à l'aide des sens et des forces intérieures ou conscientielles. Ces dernières conduisent à la science idéale, à la *Connaissance ;* elles constituent « la « recherche fondée exclusivement sur les ressources de notre organisation « intime ».

Il est un état d'âme où la Certitude absolue peut être acquise. La doctrine bouddhique donne à cet état le nom de *Bôdhi*. Par conséquent, dit M. Léon de Rosny, il n'est pas impossible à l'homme « qui a entrepris « résolûment sur lui-même le travail continu de la Rectification » d'arriver à la Connaissance. Nous ne croyons pas sortir de la neutralité que nous nous sommes imposée, en émettant une simple réflexion : c'est que l'accès de la Certitude absolue paraît être l'apanage exclusif d'une faible minorité, car (l'observation le démontre) bien peu nombreux sont ceux qui se livrent à cet exercice si abstrait du « travail continu de la Rectification ». Ce dogme rappelle celui — si peu consolant — du petit nombre des élus. Le « Salut » ne semble réservé qu'à ceux qui sont aptes à méditer, qui le veulent et qui en ont le loisir. Toutefois, rappelons que M. de Rosny a posé ailleurs cette affirmation : » Tous sont appelés, tous sont élus. »

Reprenons notre analyse. L'être peut avancer dans la voie du progrès, mais il est indispensable qu'il acquière la conscience de ce qui est la *Progressivité suffisante*. Il est dangereux de chercher « à approfondir les phé- « nomènes de la Nature qui sont en dehors de l'horizon visuel propre à la « période de notre évolution. La Recherche, fondée sur une ambition que « nous ne pouvons justifier *actuellement*, ne peut aboutir qu'à des résultats « funestes et à faire décroître les forces de notre organisation intime ». Nous eussions aimé à rencontrer dans le volume la réponse aux questions suivantes : A quoi reconnaît-on que l'ambition de connaître davantage n'est pas justifiée? Quel est le genre de *résultats funestes* auxquels on s'expose? Comment contrôle-t-on que les forces de notre organisation intime décroissent?

M. de Rosny recommande d'éviter la pléthore intellectuelle, c'est-à-dire la trop grande accumulation de faits dans notre cerveau, parce qu'elle nuit à l'esprit de synthèse et de généralisation sans lequel il est impossible d'arriver à la Connaissance. Le Maître traite incidemment du Bien-Être matériel. D'après lui, sa seule utilité consiste à nous dispenser de certains soins physiques et à nous permettre ainsi de disposer de plus de temps pour travailler à la Rectification de nous-mêmes et à l'accomplissement de notre mission sur la terre. Il dit encore qu'on doit faire marcher de front les progrès de l'instruction et ceux de l'éducation morale, et que c'est un crime, dans l'ordre des choses politiques et sociales, que de répandre l'instruction sans faire en sorte que l'éducation morale s'accroisse dans la même proportion. M. de Rosny veut « que la culture du cœur ait toujours « la prédominance sur la culture de l'esprit ». Ce conseil est très sage et dénote chez celui qui le donne une grande élévation d'esprit. Mais nous eussions désiré une définition bien nette de la Morale, au sens bouddhique. La morale, en effet, varie suivant les écoles philosophiques et religieuses. Presque dans toutes, on distingue une morale absolue et une morale de convention. La ligne de démarcation entre l'une et l'autre n'est pas toujours parfaitement définie.

Le Bouddhisme éclectique s'occupe ensuite de l'Intuition, qui est « la « résultante des efforts successifs des générations pour apporter à leur « principe originel le complément indispensable de la perfection fatale par « la liberté selon la loi du Devenir ». A cette occasion, l'auteur énonce formellement la croyance à l'atavisme intellectuel et moral, et, par voie de conséquence, au Transformisme (intellectuel et moral, également). Maintecant, les phénomènes évolutifs sont plus ou moins lents, plus ou moins accentués dans le sens du Progrès, selon que les obstacles opposés par la Concurrence vitale sont plus ou moins multipliés, plus ou moins difficiles à vaincre, plus ou moins sérieusement combattus.

M. de Rosny traite ensuite de la Révélation intime. Elle est subordonnée, dans sa manifestation, aux efforts qu'on a faits pour acquérir l'Intuition et l'utiliser. Mais, nous dit-il, « la Révélation intime se produit comme des « éclairs fugitifs dont il est souvent bien difficile de recueillir la trace « lumineuse. »

Le Bouddhisme éclectique professe un dogme analogue à celui du Catholicisme touchant l'Eglise militante et l'Eglise triomphante. La première est représentée par ces infortunés qui n'ont pas obtenu la révélation intime. La seconde comprend les êtres « qui ont franchi le seuil de la Connaissance ». Ceux-ci sont tenus de pratiquer envers ceux-là, dans toute la mesure de leurs forces, l'œuvre de la Grande Charité. Mais à quoi reconnaît-on les êtres qui ont franchi le seuil de la Connaissance ? Comment eux-mêmes s'en rendent-ils compte ?

« La Grande Charité, dit M. de Rosny, arrête la marche envahissante « de la gangrène morale et finit par inonder les âmes fortes de toutes les « lumières de la Grâce sanctifiante. »

« Elle l'emporte sur l'Intuition et sur la Révélation intime, par ce fait « qu'elle met l'être qui en est pénétré en rapports étroits et harmonieux « avec l'ensemble des rouages perfectionnés de la grande machine de « l'univers. Elle associe l'homme, qui s'est rendu digne de la recevoir, à « tous les Progrès de la « nature libre » de Dieu. C'est par l'étude et le « développement en Soi de l'Amour de plus en plus désintéressé de *toutes* « les créatures que peut être obtenue la Grâce Sanctifiante. »

M. de Rosny avertit que la Grâce sanctifiante exige des conditions de vie, que les créatures peuvent rarement remplir. Aussi ses effets ont-ils, « pour le plus grand nombre des êtres », un caractère fugitif. C'est toujours, on le voit, le dogme du petit nombre des élus. Cependant, nous ne devons pas nous alarmer outre mesure, car il suffit que « les météores de la Grâce sanctifiante » reparaissent de temps en temps pour que le terrain gagné ne soit pas reperdu. Nos efforts de Rectification peuvent être insuffisants à faire éclore la Grâce sanctifiante, si les fautes de nos existences antérieures nous ont conduit, dans notre existence actuelle, à une trop servile subordination aux effets de nos passions égoïstes. Si nous parvenons à échapper aux conséquences démoralisatrices de la vie mondaine, c'est par la Méditation suprême que nous parviendrons à la dernière période de notre travail émancipateur.

Quelques personnes ont insinué que M. de Rosny avait immolé au Bouddhisme son droit d'examen et qu'il en acceptait aveuglément les moindres affirmations. L'impartialité nous oblige à faire remarquer que le titre seul adopté par lui (Bouddhisme éclectique) réfute cette accusation. Mais il y a mieux : M. de Rosny critique — avec une grande réserve, dans la forme, mais aussi avec une grande indépendance quant au fond — ceux des enseignements bouddhiques dont la logique ne lui semble pas inébranlable. Ainsi le Bouddhisme prétend que le témoignage des sens n'engendre que des illusions. M. de Rosny n'hésite pas à déclarer que cette assertion « conduit parfois à des conclusions fausses et dangereuses. » Et il ajoute que « la loi logique du Devenir ne nous a pas doués de sens, exprès pour « nous induire en erreur. L'usage des sens nous sert à acquérir des « notions provisoires et relatives qui peuvent s'élever à la hauteur de cer- « titudes, lorsqu'elles concordent avec les révélations de notre organisme « conscientiel. Dans tous les autres cas, les acquisitions de nos sens sont « aléatoires et souvent pernicieuses. »

Nous avons fait ressortir précédemment que, dans notre sphère d'évolution, la Certitude était relative ; mais il est un état d'âme où la Certitude absolue peut être acquise. La doctrine bouddhique donne à cet état le nom de *Bôdhi*. « Par conséquent, dit M. de Rosny, il n'est pas impossible à « l'homme qui a entrepris résolument sur lui-même le travail continu de la « Rectification, d'arriver à la Connaissance. » Nous ne croyons pas sortir de la neutralité que nous nous sommes imposée, en émettant une simple réflexion : c'est que l'accès de la Certitude absolue paraît être l'apanage exclusif d'une faible minorité, car (l'observation le démontre) bien peu nombreux sont ceux qui se livrent à cet exercice si abstrait du travail continu de la Rectification. Ce dogme rappelle celui — si peu consolant — du petit nombre des élus. Le « Salut » ne semble réservé qu'à ceux qui sont aptes à méditer, qui le veulent et qui en ont le loisir.

« Cette dénomination (la Grâce sanctifiante) rappelle positivement, elle aussi, un dogme catholique ; il faut donc que nous empruntions au livre dont nous résumons le sens, l'explication qu'il en fournit. La voici : « La Grâce sanctifiante est « un degré supérieur de l'Intuition et de la Révélation intime. » Le mot grâce signifie faveur, secours venu de l'extérieur. Le livre analysé ne nous révèle pas qui confère cette faveur, qui dispense ce secours. Mais, à la fin du présent opuscule, nous expliquons l'expression.

Le Bouddhisme éclectique affirme que la Grâce sanctifiante éclaircit peu à peu les plus hauts problèmes de la Vie et de la Destinée, mais qu'elle ne devient complètement efficace que « par le dégagement continu de « toutes les chaînes qui nous retiennent attachés aux exigences du Moi. » Nous soumettons, à ce propos, au fondateur du néo-Bouddhisme un doute qui nous assiège. Nous nous demandons ce que devient la Personnalité, lorsqu'un être s'est « dégagé de toutes les chaînes qui le retenaient attaché aux exigences du Moi », car pas de « Moi », pas de Personnalité et pas de Personnalité, pas de Conscience ; en d'autres termes, absence de ce sentiment qui fait que l'on a la perception de soi-même. Et sans Conscience nous n'entrevoyons pas l'utilité des existences successives. Mais nous n'oublions point que nous ne sommes qu'un néophyte initié depuis peu d'années, et que le Bouddhisme a probablement raison.

Les deux véhicules de l'Emancipation sont l'Amour et la Recherche. L'Amour inspire la Méditation contemplative. La Recherche inspire la Méditation investigatrice. Nous, simple néophyte, nous voudrions que l'on nous indiquât en quoi consiste exactement cette émancipation. Dans quel état moral et physique — nous insistons sur le qualificatif « physique » — se trouve-t-on lorsqu'on est parvenu à l'Emancipation ? En posant respectueusement ces questions, nous ne faisons pas autre chose que nous livrer à la Recherche et, par conséquent, travailler à notre propre émancipation.

La Méditation contemplative conduit à l'Extase, enseigne le Bouddhisme. L'être en extase est transporté en dehors de lui-même et les fonctions de ses sens sont suspendues. Cependant, ses facultés intellectuelles demeurent entières. Si l'Extase se manifeste avant que l'être y soit suffisamment préparé, elle peut provoquer des troubles cérébraux qui retardent l'obtention de la Connaissance. Mais le livre ne nous apprend pas de quels moyens on dispose pour vérifier si l'Extase se manifeste à ce point. Continuons notre analyse. La méditation contemplative est instinctive et rapide. La méditation investigatrice est réfléchie et lente. Le critérium du caractère légitime de l'une et l'autre méditation réside dans les conditions de vie des êtres qui méditent. Celui qui a pénétré suffisamment dans la voie de la Rectification ne s'y trompe pas. Le bouddha Çâkya-mouni a dit : « Grand « est le fruit, grand est l'avantage de la Méditation réelle, quand elle tire « son point de départ d'une conduite régulière. » (*Mahâ-Parinibbâna-* « *Sutta*, I, 18.)

La créature dispose de la Liberté qui lui ouvre la voie du Bien et celle du Mal. Elle a pour devoir de suivre la voie du Bien et d'éviter l'autre. Le Bouddhisme résume le Devoir en trois commandements : 1° S'abstenir du péché ; 2° acquérir la vertu ; 3° éclairer son cœur. L'être a trois portes à franchir pour arriver à sa condition suprême : 1° Se rectifier soi-même ; 2° aider tous les êtres ; 3° chercher la Connaissance (par l'accomplissement de la Loi du Devenir). L'être doit travailler à sa Rectification : 1° Dans son corps, en se rendant insensible aux jouissances matérielles, à la fatigue et à la souffrance ; 2° dans ses paroles, en évitant le mensonge, l'amertume et la futilité ; 3° dans son esprit, en cultivant l'amour, l'étude et la grâce sanctifiante. Il doit aider tous les autres êtres : 1° par le corps, en travaillant pour autrui, en le secourant, en concourant à sa rectification ; 2° par la parole, en disant la vérité à autrui, en l'encourageant, en concourant à son émancipation ; 3° par l'esprit, en cherchant la vérité pour la répandre, en la défendant, en se sacrifiant pour elle. L'être doit poursuivre l'obtention de la Connaissance : 1° quant au corps, par un effort continu afin de parvenir au calme des sens ; par une bonne hygiène ; par le développement des foyers « incubateurs de la pensée » ; 2° quant à la parole, en employant un langage clair, en évitant les malentendus, en définissant nettement les expressions ; 3° quant à l'esprit, en développant les bons sentiments du cœur, en accueillant l'intuition (sentiment préconscientiel), en réglant le travail de la pensée (conscience). Il faut observer les préceptes suivants : 1° ne jamais douter qu'il soit possible d'arriver à la Rectification complète et à la Connaissance ; 2° n'attendre la Connaissance que de la Rectification ; 3° examiner chaque jour sa conscience ; 4° pratiquer le culte du remords ; 5° éviter les occupations frivoles ; 6° se livrer à la Méditation ; 7° pratiquer la Charité *consciente* en vue du Grand Nivellement ; 8° se consacrer soi-même prêtre de l'œuvre du Devenir et se livrer à l'Apostolat. La Charité prime le Dogme ; les pratiques religieuses sont choses secondaires. « La Foi, dans la possibilité d'atteindre à la « Connaissance, est supérieure à la Raison ; mais il n'existe point de « désaccord réel entre la Foi et la Raison. » Nous nous sommes fait une obligation de citer textuellement cette double proposition. Nous ne la commentons pas. Nous nous bornons à relever cette particularité qu'elle revêt le caractère d'assertion absolue et qu'elle n'est suivie d'aucune démonstration tendant à établir son fondement. Rendons toutefois cette justice à l'apôtre du Bouddhisme éclectique qu'il ne contraint personne à croire à un enseignement, si cet enseignement choque sa raison. D'un autre côté, il n'admet pas qu'on abandonne une doctrine lorsqu'on est convaincu qu'elle est l'expression de la vérité. Le Bouddhisme éclectique recommande de s'abstenir de toute controverse religieuse, de cultiver les bonnes fréquentations et de se recueillir dans la retraite.

M. de Rosny déclare que tout bon travail mérite salaire et que l'hypocrisie seule soutient qu'il faut faire le bien sans espoir de rémunération. Il fait toutefois observer que la notion du caractère de la récompense s'élève dans l'esprit de l'être, à mesure qu'il se perfectionne.

Quelle est donc la fin suprême ? « Le retour dans le Grand-Tout. » Le Bouddhisme éclectique y admet tous les êtres, sans en excepter un seul. Le vieux Bouddhisme en excluait un : le chat. Pourquoi ? On pourrait croire que c'est à cause de la nature méchante et de la sournoiserie de ce quadrupède. Non, ce n'est pas là le motif. M. de Rosny donne la raison de cette excommunication : « Ce petit félin, convoqué, comme tous les autres « animaux, à assister à l'entrée du Bouddha dans le Nirvâna, s'était « endormi en route et était arrivé trop tard pour assister à cette grande « cérémonie. »

Qu'est le *Nirvâna* ? C'est la fin suprême des êtres, mais le Bouddhisme reconnaît que, pas plus que Dieu, il ne peut être défini d'une façon parfaite. En conséquence, nous devons nous contenter d'en avoir une vague aperception qui se développe à mesure que nous nous perfectionnons et qui devient éclairante lorsque nous avons rompu les derniers liens qui nous attachent au monde de la forme. « Jusque-là, dit M. de Rosny, il doit nous suffire d'avoir la « certitude que la fin de la créature est et ne peut être autre chose que le « Bien suprême..... Le seul avantage que nous tirons de la Révélation intime « est de nous donner confiance dans sa force et dans sa portée..... Il est né- « cessaire, pour obtenir la Révélation intime, de se préparer longtemps à la « recevoir et de se placer, dans ce but, en dehors du tourbillon des intérêts « mondains. » Nous ne pouvons nous empêcher de considérer que ce dogme se rapproche encore du dogme catholique relatif au petit nombre des élus. Seulement, dans le Bouddhisme, la damnation n'est pas éternelle ; toutefois, l'Émancipation Suprême peut se trouver ajournée « pour des périodes d'une durée incalculable. » Nous n'avons pas saisi sur quel objet porte la Révélation intime et il nous eût paru précisément très intéressant d'être initié à ce mystère. En avançant dans notre étude nous le comprendrons.

Le Bouddha Çâkya-mouni a formulé, dit-on, « quatre vérités salutaires » ainsi nommées parce qu'elles aident l'homme à son Salut. L'auteur du Bouddhisme éclectique ne s'y arrête pas parce qu'elles sont mal exprimées dans les catéchismes bouddhiques. Il fait remarquer qu'elles se réduisent à une seule : « L'existence est un mal. » Mais M. de Rosny n'accepte pas cet aphorisme. « Si l'existence est un mal, dit-il, l'Univers est une œuvre de « hasard, méchante, sans logique et sans raison, contre laquelle il n'y a « rien à faire, parce qu'on ne lutte pas contre le hasard. » Le fondateur du Bouddhisme éclectique propose d'énoncer ainsi les « Quatre vérités » (*ârya satyâni*) : 1º *Douka*, la souffrance est inhérente à tout être qui vit ; 2º *Samoudaya*, la pléthore (de la souffrance) a pour cause les passions ; 3º *Nirâdha*, la suppression des passions est possible ; 4º *Mârga*, il y a une voie (qui aboutit à cette suppression). Par ce redressement, l'idée fausse que la souffrance est un mal et partant un méfait, ne peut plus être imputée au Bouddha Çâkya-mouni.

Le Bouddhisme condamne le désir de vivre (*Châva*) qui est la cause de nos réincarnations et, par suite, de nos souffrances. Le devoir du Sage est donc d'éteindre en lui ce désir. Selon M. de Rosny, ceci est encore un enseignement défectueux de certains catéchismes bouddhiques. Il admet que nous ne devons pas tenir à la vie lorsqu'elle ne peut plus servir à l'accomsement de notre mission, mais il considère comme naturel que nous y tenions tant que son utilité apparaît. A ce sujet, M. de Rosny rapporte une objection que lui a opposée un bonze japonais et qui lui a donné à réfléchir. La voici : C'est un tort de tenir à la vie, même si l'on a la conviction de l'utiliser ; d'abord, cette conviction est un faux-fuyant pour éviter un sacrifice que nous avons la faiblesse de redouter. Ensuite, elle est une contradiction à nos principes. En effet, si nous avons su rendre notre esprit insensible aux appels de la chair, nous ne nous sommes jamais tant approchés du *Nirvâna*. Nous avons donc intérêt à quitter ce monde pour renaître dans des conditions encore plus favorables à nos fins dernières.

Le Bouddhisme nomme *karma* (activité) « le principe en vertu duquel « une créature (animal, homme ou ange), aussitôt morte, renaît dans des « conditions plus ou moins heureuses ou malheureuses, suivant la somme « de mérite (*koussala*) ou de démérite (*akoussala*), de sagesse ou de vice « qu'elle aura accumulée pendant chacune de ses existences successives, » C'est la soif de jouissances (*trisma*) qui occasionne ces existences. Elle entretient les germes vitaux qui amènent de nouvelles agrégations de *Skandas*, de nouveaux corps animés de tendances nouvelles. Pour entrer dans le Nirvâna, il est nécessaire d'être *rahat*, c'est-à-dire dégagé de

l'esclavage du désir. L'exégète du Bouddhisme éclectique se demande si la théorie du *karma*, l'une des plus importantes de l'ontologie bouddhique, doit être admise comme une vérité absolue. Loyal et scrupuleux, il laisse ses disciples libres de douter. Il se borne, sans insister, à rappeler que la réincarnation est présentée, dans le Bouddhisme, comme une « nécessité » et que la doctrine darwinienne de l'évolution a des fondements semblables ; or, malgré certains faits qui paraissent la contredire, celle-ci s'impose parce que, mieux qu'aucune autre, elle rend plausible une conception générale de l'Univers. Et M. de Rosny émet cette réflexion que si notre conscience ne nous apporte pas la certitude de la transmigration des êtres, le bouddhiste oppose un argument bien puissant, qui est le plus considérable de la doctrine de Çâkya-mouni et qui se résume ainsi : « L'apercep-« tion des lois et de la destinée s'accroît en raison directe de la somme « de Rectification morale que nous savons opérer dans notre personne ; « cette aperception devient une lumière complète, lorsque nous sommes « parvenus à anéantir le sentiment égoïste de notre individualité et à nous « confondre, en nous y associant, dans la Loi éternelle et absolue. »

L'auteur examine ensuite l'hypothèse de la vie astrale. Si l'on ne peut affirmer qu'elle existe, on n'est pas non plus en droit de la nier formellement, car partout où la matière existe il y a force, mouvements et combinaisons et partout où ces éléments se rencontrent, la vie se manifeste. Mais là s'arrêtent les notions que nous possédons.

D'après le Bouddhisme, les mondes habités sont innombrables et les habitants de chacun sont soumis aux conditions de vie spéciales à ces différents milieux. De la sorte, les êtres renaissent dans des mondes plus ou moins favorables à l'émancipation suprême suivant qu'ils ont plus ou moins mérité ou démérité pendant leur existence précédente. Lorsqu'un Bouddha est incarné sur notre planète, elle est la plus favorisée de toutes celles de l'Univers.

Dans le Bouddhisme, on désigne sous le nom de *Triratna* (les trois trésors) : 1° La Sagesse par excellence, *Bouddha*; 2° la Loi, *Dharma*; 3° la confrérie des religieux, *Sangha*. Cette triade a été définie, il y a dix-huit cents ans à deux mille ans, par l'École du Grand-Véhicule (*Mahayâna*), sous l'influence du Brahmanisme qui reconnaît, on le sait, une sorte de Trinité (*Trimourti*) : *Brahma*, *Vichnou* et *Çiva*. Dans le Bouddhisme, Çâkya-mouni représente l'Intelligence personnifiée dont la formule est *Dharma* ou la Loi et la manifestation pratique *Sangha* (la Confrérie des religieux). Certaines écoles mettent en tête la Loi, d'où procède le Bouddha, l'énergie créatrice qui produit avec le Sangha la formule de l'enseignement intelligible dans la période actuelle d'évolution de l'Humanité.

Jusqu'à présent, nous avons vu ce que le Bouddhisme commande ; nous allons voir maintenant ce qu'il défend. Il a fixé un certain nombre d'abstinences. Nous allons les énumérer. Les cinq premières (*pantcha sîla*), dites « les grandes abstinences », sont seules rigoureusement obligatoires. Elles ont été indiquées par le Bouddha lui-même. Il faut s'abstenir : 1° De tuer ou de causer la mort d'un être vivant ; 2° de prendre ce qui n'a pas été donné ; 3° de dire des mensonges ; 4° de faire usage de boissons enivrantes ; 5° de se livrer à des relations sexuelles illégitimes. Les autres abstinences, accessoires, consistent : 1° à ne pas prendre de la nourriture après midi ; 2° à ne pas se servir de parfums et autres futilités ; 3° à ne pas dormir sur un lit large et moelleux. Les péchés sont répartis en trois classes : 1° ceux commis *par le corps* (meurtre, vol, rapports sexuels illégitimes) ; 2° ceux commis *par la parole* (mensonge, calomnie et bavardage, conversations frivoles) ; 3° ceux commis par l'esprit (avidité, ruse, scepticisme).

L'observance des abstinences a parfois des conséquences singulières.

Ainsi les bouddhistes dévots ne se contentent pas d'éviter d'occasionner la mort de leurs semblables ou celle des animaux en général ; ils ne se contentent pas de prendre une nourriture exclusivement végétarienne ; ils poussent le scrupule jusqu'à faire filtrer l'eau destinée à leur boisson ; non pas pour se préserver des maladies *microbiennes*, mais afin de ne pas détruire les microbes en les ingérant. Nous ne pouvons nous empêcher d'exprimer en passant notre stupéfaction — notre admiration, si on l'exige — pour le respect du bacille porté à cette vertigineuse hauteur. Les bouddhistes rigoureusement pratiquants évitent avec le plus grand soin d'écraser en marchant les insectes du chemin et lorsqu'il leur arrive d'être visités par ceux de l'espèce *pulex* ou de l'espèce *pediculus*, toute leur action répressive se réduit à secouer leurs vêtements. Empressons-nous de noter, à la louange de Çâkya-mouni, qu'il n'approuvait pas ces exagérations casuistiques.

Le fondateur du Bouddhisme éclectique, tout en proclamant la supériorité de la nourriture végétarienne sur toutes les autres, tant au point de vue moral et intellectuel qu'au point de vue physiologique, reconnaît que, pour en généraliser l'emploi, il est nécessaire d'y préparer scientifiquement les populations. Il ajoute que l'Ecole bouddhique éclectique s'occupe de la solution de ce problème.

En réprouvant le vol, le Bouddhisme se place sur un terrain tout à fait particulier. Il ne le condamne pas parce que le vol est une atteinte à la propriété d'autrui. Non ; comme le Bouddhisme tolère seulement la propriété individuelle, institution (selon lui) néfaste et transitoire, il ne défend le vol que parce qu'il occasionne du trouble dans les conditions actuelles du système social; cependant, il le condamne aussi, d'une manière absolue, comme étant une des formes de l'abus de confiance, l'un des plus abominables crimes, à ses yeux.

Relativement aux rapports sexuels, non seulement le Bouddhisme les interdit lorsqu'ils sont illégitimes, mais encore il encourage à y renoncer absolument les personnes qui désirent atteindre plus rapidement la perfection. Il les prohibe chez ceux qui entrent dans la confrérie des religieux. Toutefois, Çâkya-mouni n'est pas resté célibataire et son épouse lui a même donné un enfant. Au fond, ce qui est péché, dans les rapports sexuels, aux yeux du Bouddhisme, c'est le désir de jouissance et le névrosisme qui les provoque. Dans les relations illégitimes, le péché c'est la violation du pacte conclu.

Le vieux Bouddhisme regarde le mensonge comme une des fautes les plus graves qu'on puisse commettre. Çâkya-mouni est intransigeant sur ce point. Il ne reconnaît aucun cas où il soit permis de déguiser ou d'altérer la vérité. Le Bouddhisme éclectique semblerait ne se montrer absolument implacable pour le mensonge que lorsqu'il revêt le caractère d'abus de confiance.

Le plus grand crime, pour le Bouddhisme, est le scepticisme (1), c'est-à-dire le doute, en réalité le manque de Foi. Toutes les religions professent le même éloignement pour le scepticisme et cela se conçoit : chacune se prétend en possession de la Vérité et quiconque émet un doute à ce sujet lui paraît sacrilège. L'apôtre du Bouddhisme éclectique est plus tolérant. Il considère même que le scepticisme est souvent une qualité, pendant le travail de la Recherche, « en ce sens que le doute arrête maintes fois les « résolutions insuffisamment réfléchies. Il n'est criminel que lorsqu'il a

---

(1) Nous employôns le mot « scepticisme » comme étant plus connu du public, mais le véritable terme serait « aporétisme », c'est-à-dire le refus absolu de s'occuper des grands problèmes philosophiques, sous prétexte qu'ils sont insolubles.

« pour conséquence immédiate la paresse de l'esprit ou lorsqu'il conduit à
« l'Indifférentisme. »

La doctrine de Çâkya-mouni enseigne que la prière ne conduit pas au
Salut. L'absolue Justice ne saurait être influencée par les supplications des
pécheurs. Les conséquences d'une faute ne peuvent être effacées que par
le remords et le désir de réparer ses torts, à la condition expresse que ces
sentiments soient inspirés par l'Aumône du Bien dégagé de la crainte d'un
châtiment.

Au contraire, la Méditation produit les plus féconds résultats, pourvu
qu'elle soit entreprise « dans les conditions morales nécessaires et avec
des connaissances suffisantes pour bien savoir la diriger. »

...... « Il faut en outre veiller sans relâche pour que la Méditation ne
« provoque ni un assoupissement de l'âme, ni un abrutissement de l'orga-
« nisme intellectuel, ni une surexcitation névrologique intermitente et dé-
« sordonnée. » On le voit, c'est un instrument de salut qui n'est pas à la
portée de tout le monde et dont le maniement présente quelque danger.

Le Bouddhisme pratique cinq sortes de Méditations : 1° La Méditation
sur l'Amour (*Metta-bhâvanâ*). Elle engage l'être à souhaiter la paix de
l'âme aux autres, aussi bien à ses ennemis qu'à ses amis ; 2° la Méditation
sur la Compassion (*Karounâ-bhâvanâ*). Elle porte sur cette vérité que tous
les êtres sont soumis à la suffrance et qu'il faut s'efforcer de les y arracher ; 3° la Méditation de la Joie (*Moudifa-bhâvanâ*). Le sage doit se sen-
tir heureux en songeant aux moyens qui existent d'amener les êtres dans
la voie de la délivrance ; 4° la Méditation de l'Impureté (*Asoubha-bhâvanâ*).
Elle fixe la pensée sur la corruption de la chair, cause perpétuelle de
l'ajournement de notre félicité suprème ; 5° Enfin la Méditation sur le
Calme (*Oupekshi-bhâvanâ*). Elle dispose le sage à voir avec indifférence
toutes les choses que l'homme considère comme heureuses ou malheureuses : la puissance de l'oppression, l'amour et la haine, la richesse et la
pauvreté, la jeunesse et la décrébitude, la santé et la maladie. L'apôtre
du Bouddhisme éclectique fait remarquer que, pour l'esprit philosophique
européen, le champ de la Méditation s'étend encore plus loin et qu'on peut
le cultiver utilement dans l'intérêt du grand problème de la Destinée. Il
revient aussi sur l'état extatique ; mais ce sujet a été traité dans une partie
précédente de cette étude et nous tomberions forcément dans des redites
si nous y insistions.

M. Léon de Rosny s'attache à démontrer que la doctrine de Çâkya-
mouni a été dénaturée par les prêtres de certaines sectes bouddhiques
qui ont brodé sur le Maître des légendes invraisemblables, dans l'intérêt
de leur commerce religieux. C'est ainsi qu'ils ont imaginé les miracles,
les charmes et les talismans, alors que le Bouddha a dit : « Je ne possède
aucun charme et j'ignore toutes les formules magiques. » (*Vie ou légende
de Guadama* par M. Bigandet, évèque de *Ramatha*, page 238). Les écoles
modernes les plus éclairées réagissent contre ces traditions nées aux ép-o
ques de foi naïve et d'obscurantisme. Elles admettent bien chez les hommes
qui se sont élevés à la condition d'*arhat* la faculté de faire des miracles,
mais qui seraient simplement « l'application de certains secrets de la nature. » Les thaumaturges bouddhistes pratiquent la *Laukika* ou art de produire des phénomènes au moyen de drogues et en récitant des *mantras*
(paroles magiques, charmes) et la *Lokottara* dont on acquiert les secrets
par le développement méthodique de certaines facultés internes. Les pou-
voirs que donne la *Laukika* peuvent se perdre. Ceux que l'on tient de la
Lokottara sont acquis pour toujours (Olcott, *Catéchisme bouddhique*, p. 65).
Le Bouddhisme éclectique repousse ce charlatanisme et le rejette de son
cadre d'études. Mais il admet nettement le principe d'après lequel l'homme

peut arriver à étendre indéfiniment ses progrès dans le domaine de l'inconnu, par la Rectification de lui-même.

Les cérémonies du culte et les mortifications sont, d'après le Bouddhisme, inutiles au salut. Nous avons déjà dit qu'il ne fait pas cas, non plus, de la prière. M. de Rosny revient sur ce point et exprime l'opinion que la prière peut quelquefois « servir à la culture de notre organisme moral en prenant pour nous le caractère d'une *autosuggestion.* »

On a prétendu que Çakya-mouni avait enseigné qu'un être ne pouvait rien pour le Salut d'un autre être. M. de Rosny ne s'arrête pas aux textes que l'on cite, à ce sujet. Il dit qu'ils « hurlent à côté des principes d'abnégation qui placent si haut la morale du Tathâgata. » Le Bouddhisme éclectique, s'appuyant du reste sur de nombreuses déclarations des livres bouddhiques, soutient non seulement que l'homme peut concourir au Salut de ses semblables, mais encore qu'il y est obligé. Revenant d'un mot sur la question du Châtiment, M. de Rosny dit que l'idée d'un Enfer éternel est en opposition avec les vrais principes du Bouddhisme qui n'admet qu'un Purgatoire (Voir Spence Hardy, *A Manual of Bouddhism*, p. 440).

Le Bouddhisme est une Loi d'Amour. Il enseigne qu'*il n'y a pas de Salut sans amour ;* bien plus, que *sans amour il n'y a pas de savoir réel,* pas de Connaissance.

On ne peut, contester que le système philosophico-religieux dénommé par son créateur *Bouddhisme éclectique,* ne soit très ingénieux, très moral et très consolant pour les esprits méditatifs...... et ayant le temps de méditer.

Notre dessein a été, en rédigeant ces pages, de présenter un résumé assez clair des théories du Bouddhisme éclectique pour satisfaire, d'une part, la curiosité des personnes qui ne désirent pas pousser plus loin cette étude et pour inspirer, d'autre part, à celles qui tiennent à s'éclairer complètement, l'envie de lire le livre lui-même et d'assister aux leçons du Maître.

En terminant, nous tenons à bien faire comprendre dans quel esprit nous avons rédigé notre analyse du Bouddhisme éclectique. Si nous nous sommes permis certaines réserves, ce n'est point pour critiquer, mais pour marquer que nous avons besoin d'être plus éclairés sur la matière. Et si nous avons posé quelques questions au Maître, ce n'est pas avec la folle prétention de l'embarrasser, mais bien — qu'il nous pardonne cette hardiesse — pour lui fournir l'occasion d'y répondre victorieusement.

Nous nous sommes décidé, connaissant la largeur d'idées de notre Maître en philosophie bouddhique, à lui faire part de nos objections. Voici de quelle façon il les a levées.

Les Bouddhistes répondent que si l'on n'a point cette lucidité et ces réminiscences, c'est que l'on n'a pas encore réalisé les conditions nécessaires pour aboutir à ce résultat. La Lumière se fait progressivement, au fur et à mesure que nous arrivons à nous dégager du sentiment de notre individualité et de l'Egoïsme qui en est la conséquence. Lorsque l'homme en sera arrivé à éteindre en soi ce sentiment qui seul le sépare de la Nature universelle, dans laquelle sa fin dernière est de se confondre, la Lumière se fera. Ils ajoutent : Si l'on veut avoir une preuve matérielle de cet état incomplètement conscient, même pendant une de nos existences de nous connue, que chacun songe aux premiers temps de sa vie actuelle, alors qu'il était au berceau. Est-ce qu'il en a le moindre souvenir ? Et pourtant nul ne doute qu'il ne vécût, à cette époque.

Comme un léger malaise moral persistait encore en nous, au sujet de trois points de doctrine, nous avons sollicité un dernier entretien philosophique de M. Léon de Rosny, avant de livrer notre travail à l'impression, et nous avons eu la faveur de recueillir de la bouche du Maître des réponses dont nous allons essayer de donner ci-dessous la substance.

Sur la « Grâce sanctifiante. » C'est la constitution d'un milieu moral formé en nous par les améliorations successives que nous accomplissons par suite du travail de méditation qui nous donne une puissance de classification. C'est la résultante de l'Évolution. Cette résultante est une force nouvelle du for intérieur amélioré. M. de Rosny s'est livré alors à une comparaison gracieuse entre l'âme et le violon; celui-ci subit, entre les mains du luthier, diverses transformations avant de devenir l'instrument parfait qui charme les humains en leur versant des flots d'harmonie.

Sur la Foi. Nous devons entendre par cette expression la résultante d'une intuition qui prend sa source dans le travail évolutif de la Nature universelle. En ce sens seulement la Foi est supérieure à la Raison qui est une puissance purement encéphalique et personnelle.

Enfin sur l'échelle de la criminalité. Les dernières indications que nous a fournies M. de Rosny, sont celles-ci : Le premier crime, d'après le Bouddhisme, c'est de négliger l'étude des grands problèmes, sous prétexte qu'ils sont insolubles ; le second, c'est l'abus de confiance ; le troisième, l'assassinat.

La tâche que nous nous étions imposée est accomplie. Nous croyons qu'elle n'aura pas été inutile et que l'esquisse que nous avons tracée, à grands traits, de la Philosophie à la fois douce et fortifiante du Bouddhisme — dégagé de la Superstition et devenu par là un enseignement attrayant pour les intelligences ouvertes — inspirera hautement à beaucoup d'êtres humains la volonté d'étudier avec soin cette doctrine et même de la pratiquer à fond.

APPENDICE

LE LOTUS

L'Ecole du Bouddhisme éclectique

L'Ecole éclectique, ainsi que l'a dénommée M. Léon de Rosny, a été fondée par lui, avec le concours empressé d'amis zélés, dans le but de propager l'enseignement de la Philosophie bouddhique.

Les fondateurs se proposent « de créer, à peu de distance de Paris, un « établissement où il sera fait, pendant des périodes, tantôt de huit jours, « tantôt de quinze jours, trois conférences quotidiennes, une le matin, une « l'après-midi, une le soir. Une bibliothèque, une salle d'études et un pro- « menoir, seront en outre mis à la disposition des disciples qui travaille- « ront, coucheront et prendront leurs repas dans le même local. » Ainsi s'exprime la notice que nous avons sous les yeux.

Les personnes qui adhèrent au projet forment une association et sont réparties en deux classes : les Membres donateurs et les Membres associés.

Les Membres donateurs font une fois pour toutes un don à l'Ecole. Les Membres associés acquittent une cotisation annuelle dont le montant est fixé par eux-mêmes, dit la notice, suivant leurs ressources et suivant leur conscience.

La notice dit encore : « Les personnes qui désirent faire partie de « l'Ecole comme Membre donateur ou comme Membre associé, doivent « préalablement prendre connaissance de la *Petite Règle*, et déclarer qu'ils « en acceptent les principes. Celles qui, sur leur demande, ont été admises « au titre de *disciples*, soit au siège de l'Ecole, soit en province, soit à « l'Etranger, reçoivent, de temps à autre, des problèmes à étudier. Leur « devoir est de méditer sur ces problèmes jusqu'à ce qu'ils en aient activé « ou acquis la solution. Ils décident alors, dans leur for intérieur, si le « devoir leur impose de faire connaître le résultat de leurs méditations »

Les « disciples » observent d'une façon absolue la *Grande Règle*. Ils prennent, en outre, l'engagement d'accepter les fonctions qui leur seront confiées dans l'intérêt de l'Ecole, même celles de chef de l'Association, si celui-ci vient à mourir et s'il a désigné pour lui succéder tel ou tel membre. Il devra en être de même si un membre était élu « Maître » par la majorité des disciples ; ce membre devra s'incliner devant le vote et accepter la mission.

Un Conseil de disciples, composé de onze membres, est chargé d'étu- dier (c'est toujours la notice que nous citons) toutes les questions relatives aux intérêts de l'Ecole. Les femmes faisant partie du Conseil des Disciples peuvent être désignées, au même titre que les hommes, pour toutes les fonctions.

Voici maintenant le texte complet des deux règles de l'Ecole éclectique bouddhique :

Petite Règle

1. Travailler sans cesse à se rectifier soi-même.
2. Prêter secours à toutes les créatures.
3. Chercher la Connaissance par l'étude fondée sur l'amélioration du cœur.
4. Propager l'enseignement de la loi du Devenir.
5. Aimer la Suprême Perfection de la toute-puissance de son âme et étendre cet amour à tous les êtres, en vue du Grand Nivellement.
6. Eviter de causer la mort, afin que toute mission puisse s'accomplir.
7. Ne jamais commettre d'abus de confiance et s'abstenir du mensonge.
8. S'efforcer d'acquérir la patience et de maîtriser ses désirs ; pratiquer le culte du remords et de l'abnégation.
9. Supporter sans rancune les affronts et les injustices ; condamner le duel et toutes les revendications par la force, lorsque la force n'est pas corrélative du Droit.
10 N'ambitionner comme récompense que le bonheur d'avoir contribué à l'accomplissement de l'œuvre de la Nature Universelle, et n'attendre son salut que de l'amour sans borne et de la contrition parfaite.

Grande Règle

1. Accomplir les trois grands Devoirs.
   a. S'efforcer de se rectifier soi-même.
   b. Aider tous les êtres.
   c. Chercher à acquérir la Connaissance pour l'accomplissement de la Loi du Devenir.
2. Ne jamais s'abandonner au sommeil quotidien, sans s'être préalablement demandé quels efforts on a accomplis pour corriger ses défauts et pour collaborer à l'œuvre de la Nature Universelle.
3. Pratiquer la Charité consciente et travailler à l'œuvre du Grand Nivellement.
4. Considérer comme un crime le doute (aporétisme) qui porte à renoncer à la recherche, et faire des efforts continuels pour se soustraire à ses assauts.
5. Travailler avec ardeur à acquérir la Connaissance, et bien se convaincre que pour y parvenir toute étude est inutile, si elle n'est point appuyée sur l'amélioration de soi-même et sur la destruction graduelle de nos instincts égoïstes.
6. Aimer la Suprême Perfection de toute la force de son âme, et étendre cet amour à toutes les créatures, en tant qu'elles travaillent à s'associer à la Suprême Perfection.
7. Se consacrer prêtre de la grande œuvre du Devenir, et dès lors se soumettre de la façon la plus absolue, surtout aux heures de fatigue ou d'affaiblissement moral, et en particulier au moment de la mort, aux ordonnances du sacerdoce qu'on aura constitué en soi-même dans les moments où l'on jouissait de la plénitude de son intellect.
8. Propager l'enseignement de la Loi du Devenir, et la faire connaître à toutes les créatures.
9. Sauvegarder la vie de tous les êtres, afin que la mission de chaque existence puisse être accomplie.
10. Ne jamais commettre d'abus de confiance et s'abstenir du mensonge.

11. S'efforcer d'acquérir la patience, la suppression des désirs égoïstes et l'abnégation.

12. Admirer sans restriction le dévouement désintéressé chez autrui et travailler à s'en rendre soi-même de plus en plus capable.

13. Supporter les affronts, pardonner les injustices et avoir de la commisération pour ceux qui ont le malheur de s'en rendre coupables.

14. Condamner le duel et ne jamais y prendre part, même à titre de témoin.

15. Ne reconnaitre comme légitime en fait de guerre, que celle qui a pour but de supprimer les armes et les engins de destruction.

16. N'avoir ni attachement pour la vie, ni répulsion pour la mort.

17. Travailler sans relâche à anéantir les causes de division ou de rivalité entre les hommes.

18. Se conformer à la Loi de la Progressivité suffisante.

19. Éviter les occupations frivoles.

20. Ne pas désirer de récompense mercenaire, mais vivre dans la pensée incessante d'obtenir l'incomparable bonheur d'avoir contribué à l'accomplissement de la Loi du Devenir.

21. Attendre son salut de l'Amour sans borne et de la Contrition parfaite.

ANNEXE

Nous considérons comme une obligation étroite d'exposer ci-après les principes fondamentaux du Bouddhisme éclectique d'après l'enseignement du Maître. C'est M. Léon de Rosny lui-même qui les a formulés et publiés à part, dans un opuscule d'où nous les extrayons textuellement.

Les voici :

I. — Une Loi intelligente préside à l'évolution universelle de la Nature. On l'appelle la *Loi du Devenir*.

2. — La Nature est une. Les divisions opérées dans la nature par les hommes n'ont rien de réel.

3. — L'œuvre de la Nature est essentiellement continue. Les solutions de continuité n'existent pas dans ses principes : elles ne sont qu'apparentes dans ses manifestations.

4. — L'accomplissement de la Loi du Devenir est la réalisation de la Perfection absolue.

5. — Tous les êtres peuvent acquérir une aperception de cette loi, à l'accomplissement de laquelle tous sont soumis, sans pouvoir se dispenser d'y collaborer.

6. — L'aperception de la Loi du Devenir amène à la Certitude. Le seul criterium de la Certitude est le criterium intérieur. Les déclarations de nos sens sont trompeuses.

7. — On appelle *Science* les acquisitions faites par les sens au moyen de l'observation et de l'expérience. On appelle *Connaissance* les acquisitions faites par le travail de notre organisation intime.

8. — La Science ne peut nous apprendre que des probabilités. La Connaissance seule peut nous conduire à des certitudes.

9. — Les vérités que nous acquérons par la Connaissance sont des vérités absolues ; mais ces vérités nous apparaissent d'une façon plus ou moins claire, plus ou moins complète, suivant la sphère de progrès dans laquelle nous évoluons.

10. — Les sphères de progrès résultent *soit* des acquets provenant de l'atavisme et de la solidarité intellectuelle et morale des êtres, *soit* des efforts que nous savons faire pour diminuer nos passions, purifier notre âme, éteindre nos sentiments égoïstes et nous identifier avec la Loi suprême de la Nature universelle.

11. — Le progrès collectif des êtres est soumis à la loi de la Progressivité normale. Par *Progressivité normale*, on veut dire que la Connaissance est limitée et relative aux conditions de temps et de milieu qui président à l'évolution des créatures.

12. — L'être individuel peut franchir le cercle de la sphère d'évolution où il se trouve engagé, dans la mesure de la somme des conquêtes qu'il aura su faire sur lui-même.

13. — Les conquêtes de l'être sur lui-même se réalisent par la rectification incessante du cœur, la diminution et la suppression des désirs, l'amour désintéressé de tout ce qui existe, l'abnégation personnelle.

14. — L'être, dans sa condition originelle, est soumis aux appels de l'*Instinct* : durant cette période, il fait le bien d'une façon inconsciente, en quelque sorte fatale ou mécanique

15. — A mesure que l'être se développe et observe sous l'empire de ses sens le monde ambiant, il voit diminuer en lui les appels de l'Instinct. qui sont remplacés peu à peu par les premiers effets de ses raisonnements. Ces premiers effets font naître chez lui le sentiment de la *Concurrence vitale*.

16. — A ces premiers effets, et plus ou moins vite suivant la somme d'efforts que l'être accomplit pour s'associer à l'œuvre de la Nature Universelle, il sent naître, dans son for intérieur, les revendications de la *Réaction conscientielle*. La Connaissance dépend, pour lui, de la prépondérance de cette réaction sur sa pensée et sur ses actes.

Nous extrayons du numéro du 25 août 1898 de la Nouvelle Encyclopédie *la biographie suivante sur*

M. LÉON DE ROSNY

M. Léon de Rosny est assurément l'un des savants qui ont le plus contribué, dans le cours de notre siècle, à la connaissance de l'*humanité*, dans le sens le plus large du mot. Doué d'une curiosité et d'une activité infatigables, en même temps que d'une remarquable puissance d'assimilation, il a fait accomplir à l'orientalisme un pas décisif, a, le premier, introduit en France la connaissance de la langue japonaise, a presque créé l'américanisme, et constitué une science nouvelle, l'Ethnographie, dont les investigations s'étendent à tout ce qui concerne l'étude de l'homme au point de vue social, politique, philosophique et religieux.

Ce n'est pas dans cette voie cependant que le poussaient les goûts de sa première jeunesse. Né à Loos (Nord), le 5 avril 1837, Léon-Louis-Lucien Prunol de Rosny quitta bientôt sa ville natale, alla habiter Melun où il commença ses études et vint à Paris en 1843. De bonne heure, son père lui enseigna le vieux français et le latin, qu'il avait pris l'habitude de lui parler à table. La première passion qu'il manifesta fut pour l'histoire naturelle, et principalement la botanique. Aussi éprouva-t-il une grande joie lorsqu'il fut attaché, à peine âgé de quinze ans, au service de l'herbier des Canaries du botaniste Webb, car il considérait alors l'étude de la botanique comme sa véritable vocation. Il fut même, pendant quelques années, un élève assidu d'Adrien de Jussieu, et suivit longtemps le cours de physique du professeur Pouillet.

Il fallut cependant peu de chose pour imprimer à ses études une direction toute nouvelle. Son maître de mathématiques, M. Ch. de Labarthe — qui devait être plus tard, avec son élève, l'un des fondateurs de la Société d'Ethnographie — lui ayant parlé de la doctrine du philosophe Lao-tse « l'enfant-vieillard » et de l'écriture chinoise, il résolut aussitôt d'étudier le chinois et se mit, dans ce but, à suivre les cours de Stanislas Julien, au Collège de France. A peine eût-il acquis quelques connaissances en sinologie, qu'il entreprit d'apprendre seul l'idiome japonais, qui était, à cette époque, absolument ignoré en France, et presque complètement même en Europe, où les seuls orientalistes qui en possédassent quelques notions étaient le docteur Aug. Pfizmaür, de Vienne, et le docteur J. Hoffmann, de Leyde, avec lesquels il ne tarda pas à entrer en relations.

À l'aide d'un petit nombre de textes bilingues, japonais et chinois qu'il parvint à se procurer, il réussit à s'initier aux mystères de cet idiome compliqué, dont le système graphique avait été considéré comme une invention diabolique par des missionnaires établis au Japon, et, dès 1856, il publiait une Introduction à l'étude de la langue japonaise, qui reçut le meilleur accueil dans le monde de l'orientalisme. En 1862, une ambassade extraordinaire du Syau-goun étant venue à Paris, M. Léon de Rosny fut seul capable de remplir les fonctions d'interprète. Aussi fut-il, dès l'année suivante, chargé d'un cours libre de langue japonaise à l'Ecole des Langues Orientales, cours dont il devint titulaire lorsque la chaire eût été créée par décret du 24 mai 1868.

Les travaux et l'enseignement de M. Léon de Rosny sur la langue et les mœurs du Japon eurent un retentissement et une influence considérables. C'est de cette époque que date l'enthousiasme qui se manifesta chez nous pour• l'art et la littérature de ce pays, dont les conceptions artistiques, notamment, ont joué un rôle important dans l'évolution de notre esthétique occidentale. Car la méthode de M. L. de Rosny, aussi bien en yamatologie qu'en sinologie, ou que dans tous les ordres d'études qu'il a abordés depuis, est loin de présenter cette sécheresse et cette aridité que l'on craint généralement d'y rencontrer. « Dans son enseignement et dans ses travaux, a dit très justement M. Léon Cahun, il présente, en même temps que le mécanisme du langage, la littérature, l'histoire, la géographie, l'ethnologie qui s'y rapportent. Le langage est la lumière d'une lanterne magique ; l'enseigner sans faire voir qui s'en sert et à quoi il sert, c'est montrer la lanterne vide et sans tableaux. »

Ses travaux sur le Japon ne lui firent pas, du reste, négliger les études sinologiques qui contribuèrent également à le placer au premier rang des orientalistes contemporains.

Les succès qu'il obtint dans cette voie, les prix académiques décernés à ses ouvrages tant en France qu'à l'étranger, ne l'empêchèrent pas de consacrer ses instants de loisir aux problèmes philosophiques, qui n'avaient jamais cessé de le préoccuper dès sa plus tendre jeunesse. Le désir de donner cours à ses idées dans cette voie l'amena à fonder, en 1857, la Société d'Ethnographie de Paris, qui fut reconnue d'utilité publique par décret du 14 juin 1880, et qui a fêté cette année son quarantième anniversaire. Nous reviendrons tout à l'heure sur cette Société, dont le but est des plus élevés, et qui a donné jusqu'à ce jour des résultats inappréciables. Auparavant, nous devons signaler un nouvel ordre de recherches auxquelles M. Léon de Rosny s'est attaché d'une façon toute particulière : nous voulons parler de l'Américanisme.

Convaincu, comme l'était Littré, que la culture des sciences philosophiques peut provoquer des entraînements dangereux, si les surexcitations qu'elle provoque parfois dans l'esprit ne sont pas atténuées par une sorte d'hygiène intellectuelle toute spéciale, il résolut de s'adonner à des travaux minutieux de paléographie. C'est ainsi qu'il parvint à établir sur un terrain reconnu désormais absolument solide, les principes de déchiffrement de l'écriture sacrée des Yucatèques antérieurs à la période colombienne.

Avec Brassens de Bourbourg et M. Aubin, il provoqua la fondation de la *Société Américaine de France*, et parvint, à force de persistance, à réfuter les arguments de la majorité des érudits qui soutenaient alors l'existence de relations antecolombiennes entre les habitants de l'ancien continent et ceux du Nouveau-Monde. Les grands ouvrages qu'il publia sur cette question ardue de déchiffrement et de philologie lui valurent d'être le premier lauréat du grand prix fondé à l'Institut de France par le duc de Loubat.

Il fallait une circonstance tout à fait exceptionnelle pour que M. L. de Rosny entrât définitivement dans la voie qu'il avait désiré parcourir au début de son existence scientifique, mais dont il avait été détourné à son entrée effective dans la carrière. Le Gouvernement ayant résolu de fonder, à l'Ecole des Hautes-Etudes, une section spéciale pour l'enseignement des sciences philosophiques ou religieuses, lui fit offrir une chaire à cette Ecole, en 1886. Il accepta avec satisfaction ce poste, qui lui fournissait l'occasion d'exposer les résultats de ses longues études sur les philosophies religieuses de l'Extrême-Orient. Il s'occupa particulièrement du Bouddhisme, et obtint, dans l'exposé de cette grande philosophie indienne, un succès qui eut un retentissement énorme dans le monde entier.

Ces cours, dont il a donné un résumé dans le *Bouddhisme éclectique*, ont groupé autour de lui de nombreux élèves dont plusieurs ont depuis lors rempli brillamment des missions du Gouvernement, et entrepris de remarquables travaux d'érudition orientale.

M. Léon de Rosny a donné un aperçu de ses doctrines philosophiques personnelles, étroitement liées, du reste, à celles des anciens instituteurs de l'Inde, de la Chine et du Japon, dans son livre intitulé *La Méthode conscientielle*. Suivant lui, dit M. D. Marceron, le rôle du philosophe doit consister avant tout à jeter les bases d'une méthode claire, précise et rigoureuse. Quant aux idées en elles-mêmes, celles qui ont une valeur réelles n'appartiennent, suivant M. de Rosny, à aucun penseur en particulier : elles sont la résultante du travail collectif de toutes les générations successives, et le seul mérite d'un philosophe est de savoir les exposer, de manière à permettre à chacun d'en tirer le meilleur parti possible. »

M. Léon de Rosny travaille encore actuellement à des œuvres qui seront, pour le monde savant, de nouveaux et intéressants monuments. C'est ainsi qu'il a entrepris, aux frais de l'Etat, une étude de la *Bible de l'antiquité japonaise*, comprenant le texte original, la traduction, et deux commentaires rédigés par le traducteur, l'un en français pour les Européens, l'autre en langue chinoise pour les lettrés asiatiques. Le second volume de ce grand ouvrage est en ce moment à l'impression, ainsi que le dernier volume de sa traduction du *Chan-haï-king*, géographie chinoise, la plus ancienne dont l'existence soit connue jusqu'à présent dans le monde entier. Il prépare également une monographie de l'*Opuntia*, ou cactus-raquette, dans laquelle il donne un résumé de ses doctrines sur les lois de la vie et de l'évolution chez les plantes et chez les animaux.

Comme ouvrages purement littéraires, on peut citer de lui, parmi bien d'autres livres, *Taureaux et Mantilles*, *Le Pays des dix mille lacs*, et un drame japonais adapté à la scène française, *Le Couvent du Dragon vert*, plusieurs fois réédité. — Il doit faire paraître prochainement un nouveau drame bouddhique, sous le titre de *Brahamadatta*, et mettra probablement sous presse, vers la fin de l'année, son *Histoire de la Race jaune* en cinq tomes, dont le premier a été couronné par l'Institut.

M. Léon de Rosny considère l'Ethnographie comme la *Science de la Civilisation*. C'est, du reste, la définition qu'il en a donnée, et qui fut inscrite en lettres d'or sur une des façades du *Palais de l'Histoire du Travail*, à l'Exposition de 1899. L'idée de fonder la *Société d'Ethnographie* lui vint certainement après avoir constaté l'absence de toute méthode scientifique permettant de rechercher les lois qui ont présidé au développement moral et intellectuel de l'humanité, et dont il avait cru d'abord pouvoir faire une des branches de l'Anthropologie. Mais il vit bientôt qu'il y avait lieu de constituer une science nouvelle, dont le but serait d'étudier ce qu'il appelait *les nationalités normales* dans leurs apports avec la loi évolutive du progrès et de la civilisation. Pendant plusieurs années, il consacra à l'exposition de ses principes sur la science ethnographique des conférences au Collège de France, qui attirèrent un nombreux auditoire. Enfin, il entreprit successivement plusieurs voyages d'étude dans le but d'augmenter ses connaissances ethnographiques, notamment en Angleterre, en Belgique, en Hollande, en Allemagne, en Russie, en Finlande, en Espagne, en Portugal, en Autriche, en Hongrie, en Roumanie, en Serbie, etc.

On peut, maintenant, se faire une idée de l'infatigable activité déployée durant toute sa carrière par celui qu'Hippolyte Carnot appelait *l'un des plus grands travailleurs de notre époque*, et, si les ouvrages qu'il a publiés sont et resteront de précieux auxiliaires pour les hommes de science, le plus grand mérite de M. Léon de Rosny sera, croyons-nous, la fondation et l'organisation de la Société d'Ethnographie.

Cette Société, qui a limité ses études à l'observation de l'homme, aux points de vue social, politique, philosophique et religieux, ce qui est, du reste, un champ assez vaste, a compté parmi ses membres, — il y en a aujourd'hui plus de cinq mille — tout ce que l'Europe a possédé d'illustrations, depuis un demi-siècle, dans les sciences, dans les lettres et dans les arts. Elle est divisée en plusieurs sections, et a donné naissance à l'*Alliance scientifique universelle*, qui constitue, à coup sûr, une des plus hardies tentatives de décentralisation qui ait été accomplie jusqu'à ce jour. L'Alliance scientifique, en effet, possède des délégations dans les contrées les plus lointaines ; il en est dont le lieu de séjour ne figure sur aucune géographie, et des délégués résident dans des îles inconnues à la Société de Géographie elle-même. Aussi les savants qui font partie de cette Société sont-ils assurés de trouver le meilleur accueil, dans les pays les plus éloignés, grâce à l'existence de ces liens de solidarité internationale ; quelques monarques même, et tout particulièrement la reine de Roumanie, assurent à l'*Alliance scientifique* une protection éclairée et efficace, et accordent à ses membres, au cours de leurs voyages, une hospitalité vraiment royale.

M. Léon de Rosny est encore actuellement président de l'*Alliance scientifique universelle*. Enfin, nous devons rappeler, avant de terminer, qu'il fut l'instigateur et l'un des fondateurs du Congrès des Orientalistes, dont il présida la première session en 1873, et qui réunit dès ses débuts la plupart des illustrations de l'Orientalisme contemporain. Le compte rendu de cette session d'inauguration fut publié dans trois superbes volumes édités par les soins de M. L. de Rosny, avec des textes en toutes sortes de langues et de nombreuses planches en partie lithographiée par lui-même.

C'est grâce à ce dévouement de chaque jour, à l'autorité de sa science, et surtout à sa remarquable activité, que M. Léon de Rosny a pu mener à bien tant d'œuvres entreprises, œuvres dont chacune serait suffisante à remplir la vie d'un autre homme et à lui assurer une place honorable dans le souvenir des savants.

Paris. — Imprimerie Jean Gainche, 15, rue de Verneuil.

La Nouvelle
Encyclopedie

www.ingramcontent.com/pod-product-compliance
Ingram Content Group UK Ltd.
Pitfield, Milton Keynes, MK11 3LW, UK
UKHW021021120726
13693UKWH00005B/2113